晨风童书

幼儿全脑思维多元训

CW01662290

益智
走迷宫（下）

中国人口出版社
China Population Publishing House
全国百佳出版单位

目录

小壁虎

小壁虎出来遛弯，碰到了一条蛇，吓得它赶紧向墙顶爬去。快来帮帮小壁虎吧！

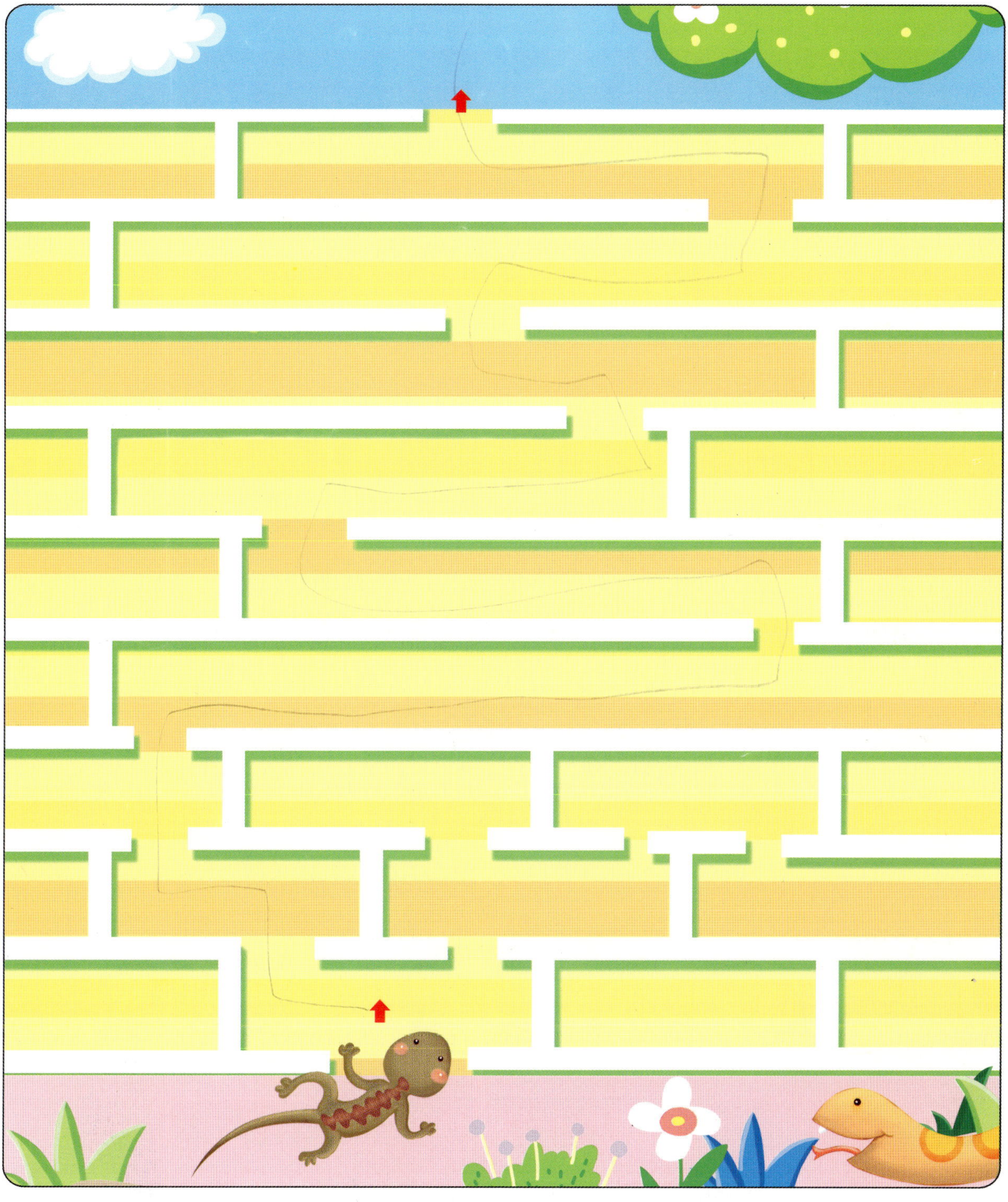

太棒啦！☆　还不错哦！☆　继续努力！☆

捡奶酪

小老鼠要去寻找奶酪，它怎样走才能捡到所有的奶酪呢？不可以走重复的路线哟！

太棒啦！☆　还不错哦！☆　继续努力！☆

胆小的乌龟

狡猾的狐狸想要吃掉小乌龟，你能帮助小乌龟躲开坏狐狸，穿过荷叶找到绿青蛙吗？

太棒啦！☆　还不错哦！☆　继续努力！☆

灰姑娘

灰姑娘的衣服已经又脏又破了，快带她找到仙女，让仙女为她变出一套新衣服吧！

太棒啦！☆ 还不错哦！☆ 继续努力！☆

蛋糕迷宫

请帮助小老鼠按照“红-黄-蓝-绿”四种颜色的顺序走完整个迷宫，顺利拿到小红旗。

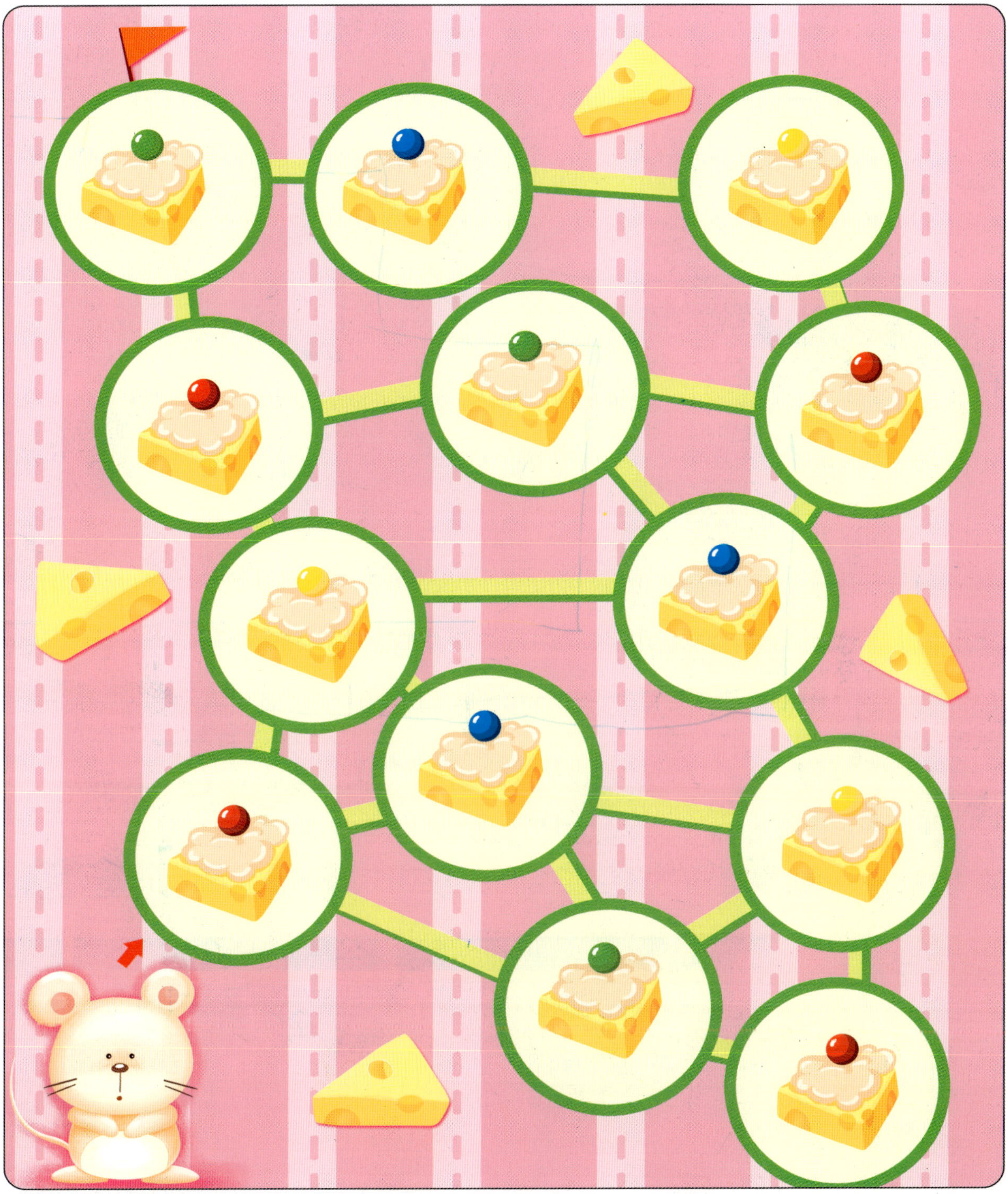

太棒啦！☆ 还不错哦！☆ 继续努力！☆

丑小鸭

丑小鸭很自卑，它伤心地离开了妈妈，离开了美丽的池塘。它不知道自己是白天鹅，你能带它和白天鹅相聚吗？

太棒啦！☆ 还不错哦！☆ 继续努力！☆

参加舞会

灰姑娘坐着南瓜马车要去参加王子举行的舞会，道路很崎岖，她能安全到达城堡吗？

太棒啦！☆ 还不错哦！☆ 继续努力！☆

小红帽

小红帽要去森林深处看望生病的外婆，可恶的大灰狼想要在半路吃掉小红帽。你能帮助她避开危险吗？

太棒啦！☆ 还不错哦！☆ 继续努力！☆

善良的小刺猬

小刺猬捡到好多松果，要给好朋友小松鼠送去。它能找到小松鼠的家吗？

太棒啦！☆　还不错哦！☆　继续努力！☆

小猴子分水果

迷宫中的小动物们都饿坏了，快和小猴子一起把水果分给它们吧！

太棒啦！☆ 还不错哦！☆ 继续努力！☆

长颈鹿

小蜗牛想爬上高高的大树，简直太难了。不过好心的长颈鹿答应帮它实现愿望。快来和小蜗牛一起走走吧！

太棒啦！☆ 还不错哦！☆ 继续努力！☆

遇见花王子

拇指姑娘不想嫁给住在黑暗中的鼹鼠，跟着燕子来到小人国。那里有个和她一样大的花王子，她能找到他吗？

太棒啦！☆　还不错哦！☆　继续努力！☆

找朋友

快带着小公鸡躲避狐狸的阻拦，沿着带有数字2-4-6-8-10的雨花石找到小狗吧！

太棒啦！☆　还不错哦！☆　继续努力！☆

碰碰车

你能带着宝宝沿着数字1-2-3-4-5-6-7-8-9-10-11-12-13-14-15的顺序开出来吗？

太棒啦！☆　还不错哦！☆　继续努力！☆

找风筝

宝宝的风筝飞走了，他要驾着云梯去找风筝，快和他一起去感受一下蓝天的美妙吧！

太棒啦！☆　还不错哦！☆　继续努力！☆

老虎和狐狸

一只狐狸口渴了，来到湖边喝水。老虎大王看见了，想把狐狸变成它的美餐。它能抓到狐狸吗？

太棒啦！☆ 还不错哦！☆ 继续努力！☆

勇敢的三只小熊

三只小熊要去魔法森林打败吃人的妖怪，但森林里有很多可怕的动物，它们怎样才能避开那些动物呢？

太棒啦！☆ 还不错哦！☆ 继续努力！☆

轮船

小白兔乘船去旅行，它想爬到轮船的最高处眺望辽阔的大海。它的愿望能实现吗？

太棒啦！☆　还不错哦！☆　继续努力！☆

大老虎来了

饥饿的大老虎要吃掉朵朵，快带她沿着有粉色花朵的小路回家吧！

太棒啦！☆　还不错哦！☆　继续努力！☆

小青蛙捉害虫

小青蛙是庄稼的保护者，每天天还不亮就起来捉害虫。想一想，它怎样才能吃掉所有害虫？

太棒啦！☆　还不错哦！☆　继续努力！☆

小海豹

小海豹喜欢冒险，脑子里总是有些新奇的想法，这不，它又要到海底去寻找罕见的贝壳。它能找到吗？

 太棒啦！☆　 还不错哦！☆　 继续努力！☆

绵羊妈妈

绵羊妈妈要带着小羊们去青青大草原，它怎样走才能避开大灰狼安全到达目的地呢？

太棒啦！☆　　还不错哦！☆　　继续努力！☆

小螃蟹

螃蟹妈妈带着小蟹在海边散步，这时有一只海鸟飞来，螃蟹妈妈急忙带着小蟹沿着有三只贝壳的路逃回家！

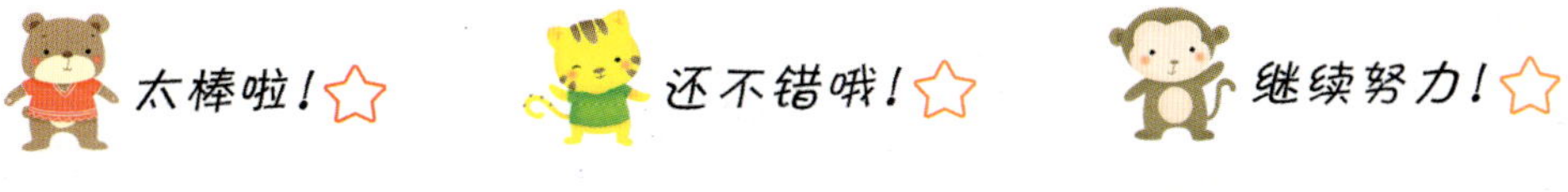

小火车

“呜呜呜……”小火车要去旅行了，它怎样才能把所有景点都走一遍呢？

太棒啦！☆ 还不错哦！☆ 继续努力！☆

南瓜马车

看，漂亮的南瓜马车上还有迷宫呢，快和小蚂蚁一起开始神奇的旅程吧！

太棒啦！☆ 还不错哦！☆ 继续努力！☆

袋鼠

袋鼠妈妈有个大大的育儿袋，可以把小宝宝藏在里边。快来找一找，袋鼠宝宝在哪里？

太棒啦！☆ 还不错哦！☆ 继续努力！☆

滑雪比赛

企鹅家族要举行滑雪比赛，两只企鹅谁能滑到终点，拿到小红旗呢？

太棒啦！☆　还不错哦！☆　继续努力！☆

小青蛙

小猴子想到河对岸去，它只要跟着小青蛙呱呱走出荷叶迷宫，就能顺利过河啦！

太棒啦！☆ 还不错哦！☆ 继续努力！☆

小蜗牛

一串串又大又紫的葡萄真诱人啊！小蜗牛馋得口水都流出来啦，快带它沿着最近的路线去吃葡萄吧！

太棒啦！☆　还不错哦！☆　继续努力！☆

数字迷宫

请沿着数字1-2-3-4-5-6-7-8-9-10-11-12-13-14-15-16-17-18-19-20的顺序走完迷宫。

太棒啦！☆ 还不错哦！☆ 继续努力！☆

找到田鼠婆婆

快和拇指姑娘一起沿着字母A-B-C-D-E-F-G-H-I-J-K-L-M-N的顺序走出森林，找到田鼠婆婆。

太棒啦！☆　还不错哦！☆　继续努力！☆

白雪公主

白雪公主是一个美丽善良的女孩。她为了躲避继母的迫害，逃到了森林里。她能找到七个小矮人的家吗？

太棒啦！☆ 还不错哦！☆ 继续努力！☆

分食物

庄稼丰收了，好心的老爷爷要为小动物们分食物，他怎样走才能把食物送到每个小动物的家呢？

太棒啦！☆　还不错哦！☆　继续努力！☆

小青蛙捡金球

小公主不小心把金球掉到了井里，她哭得很伤心。
小青蛙决定帮她找回金球。井里的水很深，它能找到金球吗？

阿里巴巴和四十大盗

阿里巴巴发现强盗把抢来的财宝藏在了一个山洞里。他决定找到财宝，然后分给穷人，快去帮帮他吧！

太棒啦！☆　还不错哦！☆　继续努力！☆

大拇指汤姆

大拇指汤姆被坏人拐骗走了，他机智地逃脱了。可是回家的路充满了艰险，他能安全回到家里吗？

太棒啦！☆　还不错哦！☆　继续努力！☆

逛商场

商场里的人太多了，丫丫和妈妈走散了。但是只要她沿着衣服的方向走就能找到妈妈。

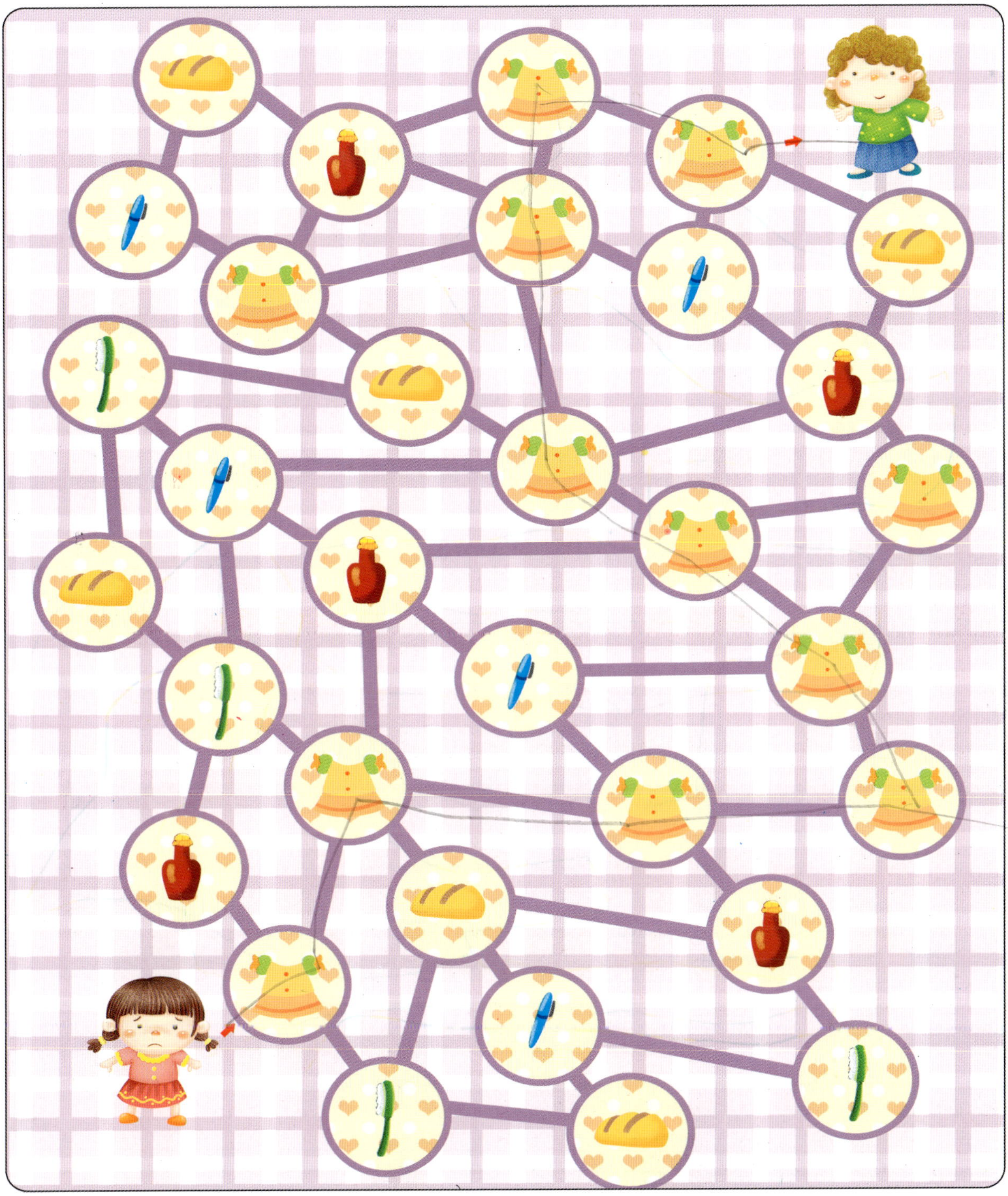

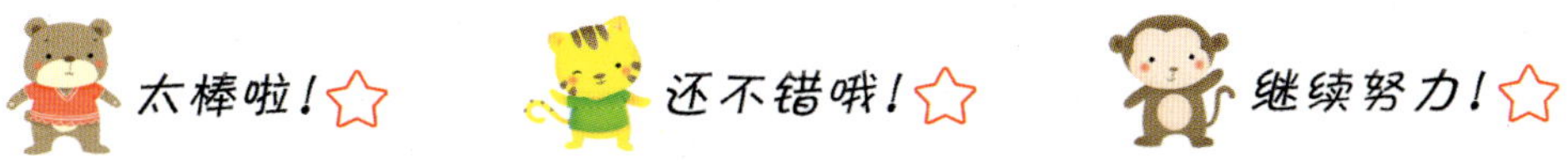

勇敢的宇航员

宇航员驾驶宇宙飞船要去土星探险，他怎样才能避开危险顺利到达土星呢？

太棒啦！☆　还不错哦！☆　继续努力！☆

水晶鞋

灰姑娘离开舞会时因为太匆忙丢下了一只水晶鞋，快带王子去寻找水晶鞋吧！

太棒啦！☆　还不错哦！☆　继续努力！☆

答案

1

2

3

4

5

6 7

8

9

10

11

12

13

14

15

16

17

18 19

20

21

22

23

24

25

答案

26

27

28

29

30

31

32

33

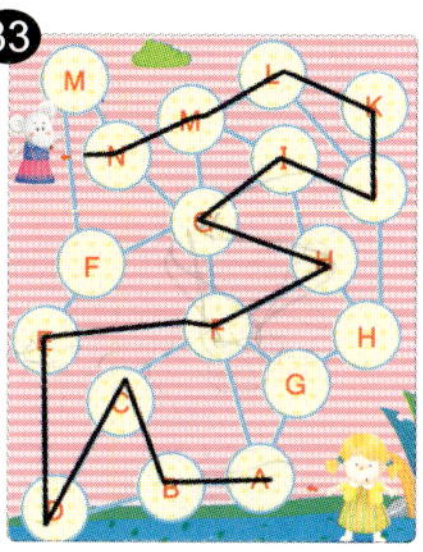

34 35

36

37

38 39

40

41

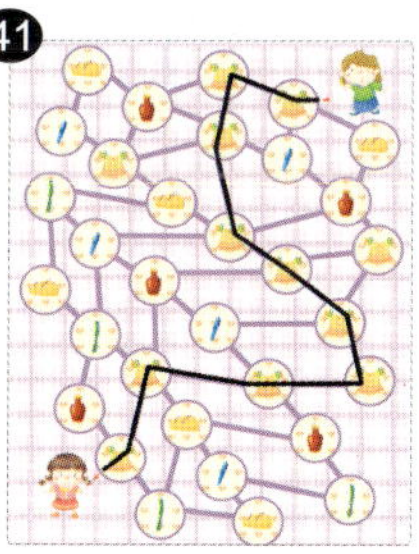

42

43

图书在版编目（C I P）数据

幼儿全脑思维多元训练·益智走迷宫：全 2 册 / 晨风童书编著. — 北京：中国人口出版社，2014.5
ISBN 978 - 7 - 5101 - 2349 - 8

Ⅰ. ①幼… Ⅱ. ①晨… Ⅲ. ①智力游戏—学前教育—教学参考资料 Ⅳ. ①G613.7

中国版本图书馆 CIP 数据核字（2014）第 041642 号

晨风童书

幼儿全脑思维多元训练

益智走迷宫·下

晨风童书 编著

出版发行	中国人口出版社
印　　刷	长春华昱卫星纸制品有限责任公司
开　　本	787 毫米×1092 毫米　1/16
印　　张	6
字　　数	20 千字
版　　次	2014 年 5 月第 1 版
印　　次	2014 年12月第 2 次印刷
印　　数	1 - 5000 册
书　　号	ISBN 978 - 7 - 5101 - 2349 - 8
定　　价	21.60 元（全 2 册）

社　　长	陶庆军
网　　址	www.rkcbs.net
电子信箱	rkcbs@126.com
总编室电话	（010）83519392
发行部电话	（010）83534662
传　　真	（010）83519401
地　　址	北京市西城区广安门南街 80 号中加大厦
邮　　编	100054